El Monumento a Jefferson

Los símbolos estadounidenses

Aaron Carr

LIGHTBOX
openlightbox.com

LIGHTBOX

Entre a **www.openlightbox.com** e ingrese el código único de este libro.

CÓDIGO DE ACCESO

LBT43655

Lightbox es una completa solución digital para enseñar y aprender temas curriculares de una manera original e innovadora. Lightbox se basa en las Normas Curriculares Nacionales.

OPTIMIZADO PARA

- ✓ TABLETAS
- ✓ PIZARRAS ELECTRÓNICAS
- ✓ COMPUTADORAS
- ✓ ¡Y MUCHO MÁS!

CARACTERÍSTICAS ESTÁNDAR DE LIGHTBOX

AUDIO Narraciones de alta calidad con sistema de texto a voz

VIDEOS Videoclips de alta definición incorporados

ACTIVIDADES PDFs imprimibles que pueden enviarse por correo electrónico y calificarse

ENLACES WEB Enlaces cuidadosamente seleccionados con recursos seguros para niños

PRESENTACIÓN EN DIAPOSITIVAS Ilustraciones gráficas de los conceptos clave

MAPAS INTERACTIVOS Mapas interactivos e imágenes satelitales aéreas

CUESTIONARIOS Diez preguntas de elección multiple con puntaje automático que se envían por correo electrónico al docente para su evaluación

PALABRAS CLAVE Combinación de los conceptos clave con sus definiciones

VIDEOS

ENLACES WEB

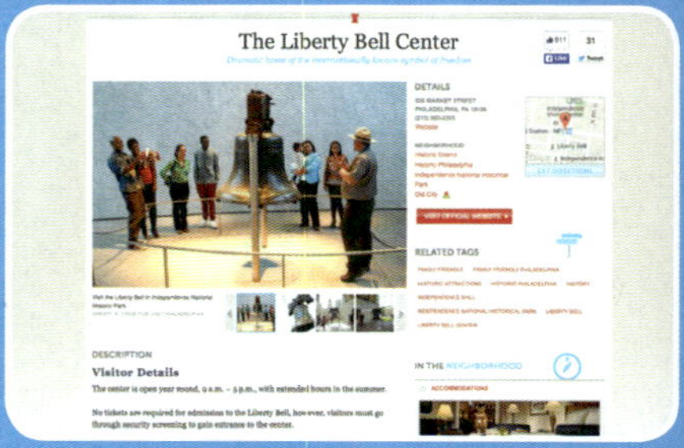

PRESENTACIÓN EN DIAPOSITIVAS

CUESTIONARIOS

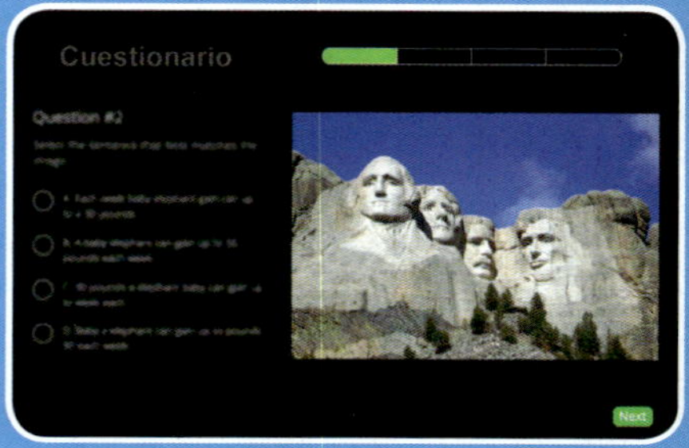

El Monumento a Jefferson

Contenidos

El Monumento a Jefferson

El Monumento a Jefferson es un edificio de Washington, D.C. que tiene una gran estatua de Thomas Jefferson en su interior.

El Monumento a Jefferson **se construyó** junto a un cuerpo de agua llamado **Cuenca Tidal**.

Un símbolo nacional

El Monumento a Jefferson se construyó en honor a Thomas Jefferson, quien ayudó a los Estados Unidos a convertirse en un país. Luego, fue presidente de los Estados Unidos.

Thomas Jefferson fue el **tercer presidente** de los **Estados Unidos**.

La planificación del monumento

El Monumento a Jefferson se comenzó a planificar en 1934. Debía parecerse a un edificio muy conocido de Roma, Italia.

TERTIVM·FECIT
NIERI

La construcción del monumento

Los trabajos comenzaron en 1938. El presidente Franklin D. Roosevelt colocó la primera piedra en 1939.

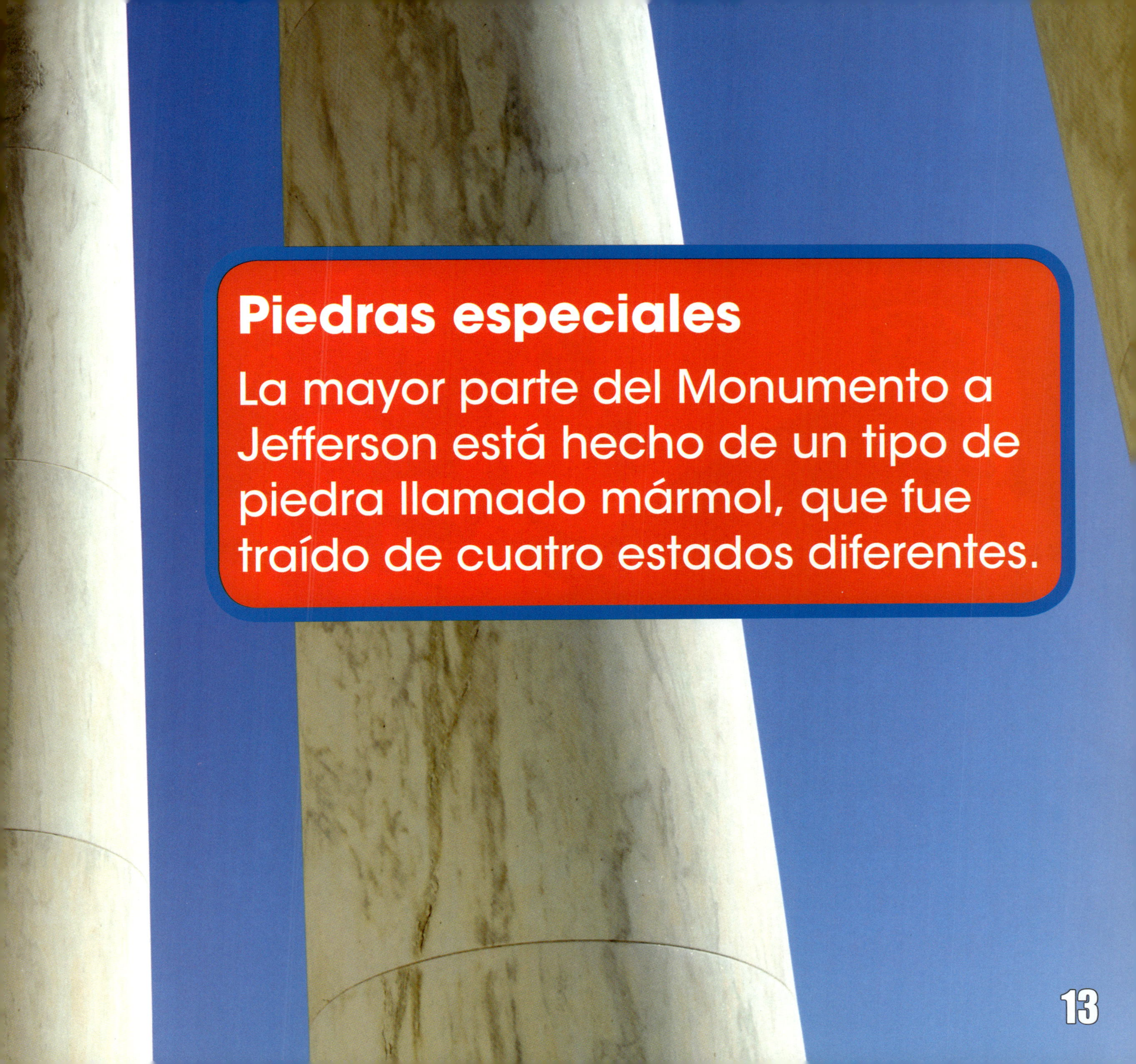

Piedras especiales

La mayor parte del Monumento a Jefferson está hecho de un tipo de piedra llamado mármol, que fue traído de cuatro estados diferentes.

La inauguración

El monumento se terminó en 1943. Se inauguró con un gran evento en el año en que se cumplían los 200 años del nacimiento de Thomas Jefferson.

Más de **5.000 personas** asistieron a la **inauguración** del Monumento a Jefferson.

La estatua

Al principio, la estatua era de yeso pero luego se cambió por una de bronce.

La **estatua** del monumento mide **19 pies** de alto.

El interior del monumento

Una cúpula cubre el interior del monumento. En las paredes se pueden leer las palabras de Thomas Jefferson.

ALTAR OF GOD ETERNAL
ALMIGHTY GOD HATH CREATED THE
MIND FREE ALL ATTEMPTS TO INFLUENCE
IT BY TEMPORAL PUNISHMENTS OR
BURTHENS···ARE A DEPARTURE FROM
THE PLAN OF THE HOLY AUTHOR OF
OUR RELIGION···NO MAN SHALL BE
COMPELLED TO FREQUENT OR SUPPORT
ANY RELIGIOUS WORSHIP OR MINISTRY
OR SHALL OTHERWISE SUFFER ON
ACCOUNT OF HIS RELIGIOUS OPINIONS
ALL MEN SHALL BE

El Monumento a Jefferson hoy

Más de dos millones de personas visitan el Monumento a Jefferson todos los años. Se lo puede visitar a cualquier hora del día.

DATOS SOBRE EL MONUMENTO A JEFFERSON

Estas páginas contienen más detalles sobre los interesantes datos de este libro. Están dirigidas a los adultos para que ayuden a los jóvenes lectores a redondear sus conocimientos sobre cada símbolo nacional presentado en la serie *Los símbolos estadounidenses*.

Páginas 4–5

El Monumento a Jefferson. El Monumento a Jefferson es una de las estructuras más icónicas de la Explanada Nacional de Washington. El monumento está construido sobre 18 acres de tierra a lo largo de la Cuenca Tidal del Río Potomac. Está a aproximadamente 1 milla al sur de la Casa Blanca. El monumento mide 129 pies de alto.

Páginas 6–7

Un símbolo nacional. Thomas Jefferson fue una de las figuras más importantes de la historia estadounidense. Como Padre Fundador, Jefferson trabajó para liberar a las colonias americanas del gobierno británico. Se lo conoce principalmente por ser el autor de la Declaración de la Independencia.

Páginas 8–9

La planificación del monumento. El Monumento a Jefferson fue anunciado en 1934 como parte de un plan para embellecer la capital de la nación. El monumento fue diseñado por los arquitectos John Russel Pope, Otto R. Eggers y Daniel P. Higgins. Si bien el diseño estuvo basado mayormente en el Partenón romano, también se inspiró en la rotonda de la Universidad de Virginia. La rotonda fue diseñada por Jefferson.

Páginas 10–11

La construcción del monumento. No todos estaban contentos con el diseño del monumento. Algunos creían que debería ser más moderno. A otros, no les gustaba el lugar donde sería erigido. El presidente Franklin Roosevelt aprobó el diseño y el lugar para que la construcción comenzara. Luego, colocó la piedra fundamental el 15 de noviembre de 1939.

Páginas 12–13

Piedras especiales. Las piedras utilizadas para construir el monumento son simbólicas. El exterior del monumento está hecho de mármol de Vermont, las paredes interiores, de mármol de Georgia y los pisos, de mármol de Tennessee. El aro que rodea la estatua está hecho de mármol de Missouri. La estatua está erigida sobre una base de granito de Minnesota. El cielo raso es de piedra caliza de Indiana. Estas piedras simbolizan a las 13 colonias originales del país y a la expansión de la Unión.

Páginas 14–15

La inauguración. El Monumento a Jefferson se inauguró con una ceremonia el 13 de abril de 1943. Era el bicentenario del nacimiento de Thomas Jefferson. El presidente Franklin Roosevelt dirigió la ceremonia, a la que concurrieron miles de personas. Millones de personas más la escucharon por radio.

Páginas 16–17

La estatua. Cuando Estados Unidos ingresó a la Segunda Guerra Mundial en 1941, se racionó el uso del metal. La estatua original de Thomas Jefferson, que estaba en el centro de la estructura, era de yeso pintado de bronce. El racionamiento del metal terminó después de la guerra y, en 1947, la estatua fue reemplazada por otra de bronce.

Páginas 18–19

El interior del monumento. Se puede ingresar al monumento por cuatro entradas con columnas. Sobre la entrada principal hay una placa de piedra que muestra a Jefferson leyendo la Declaración de la Independencia. El interior es un gran espacio abierto con techo en forma de cúpula. Las paredes interiores tienen escritas diferentes citas de Jefferson.

Páginas 20–21

El Monumento a Jefferson hoy. Según el Servicio de Parques Nacionales estadounidense, el Monumento a Jefferson es el tercer monumento presidencial más visitado del país, con un promedio de 2,3 millones de visitantes por año. El monumento está abierto las 24 horas del día y se ofrecen visitas cada hora entre las 10 a.m. y las 11 p.m.

Published by Smartbook Media Inc.
350 5th Avenue, 59th Floor New York, NY 10118
Website: www.openlightbox.com

Library of Congress Control Number: 2017961965

ISBN 978-1-5105-3378-3 (hardcover)
ISBN 978-1-5105-3379-0 (multi-user eBook)

Printed in the United States of America in Brainerd, Minnesota
1 2 3 4 5 6 7 8 9 0 22 21 20 19 18

012018
011518

Spanish Project coordinator: Sara Cucini
Spanish Editor: Translation Services USA
English Project coordinator: John Willis
Designer: Ana María Vidal

Every reasonable effort has been made to trace ownership and to obtain permission to reprint copyright material. The publisher would be pleased to have any errors or omissions brought to its attention so that they may be corrected in subsequent printings.

The publisher acknowledges Alamy, Corbis, Getty Images, and iStock as its primary image suppliers for this title.